L'attente de l'indicible terreur

Ernest Lavisse

L'attente de l'indicible terreur

L'invasion allemande dans les départements du nord de la France

Editions Le Mono

Collection «*Les Pages de l'Histoire* »

Connaître le passé peut servir de guide au présent et à
l'avenir.

© Editions Le Mono, 2016

ISBN : 978-2-36659-229-0
EAN : 9782366592290

I

Le 2 septembre 1870, on attendait dans le département de l'Aisne la nouvelle d'une grande victoire du maréchal de Mac-Mahon : c'est la nouvelle des batailles de Beaumont et de Sedan qu'apportent les troupes du général Vinoy en se repliant sur la route de Mézières à Laon et les fuyards qui se dirigent par tous les chemins vers les places fortes du nord. Bientôt apparaissent les éclaireurs ennemis. Le 6 septembre, trente uhlans arrivent au pied de la montagne de Laon, quelques heures après le départ des derniers soldats de Vinoy, et le plus tranquillement du monde, comme s'il n'y avait jamais eu de citadelle sur la colline escarpée, ou qu'ils n'eussent qu'à se présenter pour trouver bon gîte et le reste, ils montent par la rampe de Vaux. Ils étaient à vingt mètres de la porte, l'officier qui marchait à leur tête allumait un cigare et préparait son attitude de vainqueur, quand des coups de feu retentissent ; la petite troupe tourne bride et s'enfuit au galop, laissant derrière elle quelques cavaliers démontés. C'était la première résistance que l'ennemi rencontrait dans le département : était-ce le commencement de la lutte, et le pays se sentait-il en mesure d'y persévérer ?

Le 1er septembre, le préfet de l'Aisne avait tracé, dans une communication adressée à la presse, un tableau fort animé des dispositions belliqueuses du département : partout des compagnies de francs-tireurs s'organisaient ; la population demandait des armes, elle annonçait l'intention de résister, même sans fusils et sans équipement, et le préfet rappelait qu'en vertu de la loi du 29 août 1870, « un des signes distinctifs de la garde nationale » suffisait à couvrir « de la garantie reconnue aux corps constitués les citoyens qui se portent spontanément à la défense du pays avec l'arme dont ils peuvent disposer. »

Il semblait qu'on fût à la veille d'une guerre comme en Espagne et au Mexique. « C'est la guerre de guérillas, disait précisément le préfet, mais une guerre loyale et sacrée, qui s'organise activement. » Ce document administratif étonna les esprits réfléchis, car ni le pays, ni les habitants ne paraissaient préparés à la guerre à outrance. Sans doute, il n'est pas de mot qui sonne mieux à l'oreille que celui de guerre à outrance dans un pays qui subit la honte de l'invasion : la guerre à outrance, c'est l'insurrection en masse de tout un peuple contre l'étranger ; c'est le paysan embusqué avec son fusil au coin des haies, ou debout sur le seuil de sa maison, la fourche à la main !

On ne peut trouver de plus beau thème pour une proclamation ministérielle, ou un discours public, et nous aurions voulu voir réunis dans le département de l'Aisne, au lendemain de Sedan, tous les partisans de la guerre à outrance. Se seraient-ils embusqués avec un fusil au coin d'une haie ? S'imagine-t-on qu'on trouve partout des fusils et des haies, que nos campagnards soient des paysans de drames patriotiques, tous braconniers ou soldats, que nos campagnes ressemblent toutes au Bocage ou à la Vendée, et qu'il soit si aisé d'y renouveler les scènes des guerres de l'ouest ? Dans l'Aisne, la plupart des paysans n'ont jamais tiré un coup de fusil, ni possédé une arme à feu, et les plaines, qui presque partout bordent les routes de l'invasion, n'auraient point abrité le chasseur d'hommes. A la vérité, on venait d'organiser les gardes nationales ; mais quelle apparence que de petits groupes d'hommes, peu ou point commandés, armés la veille de mauvais fusils ou seulement pourvus

« de l'arme dont ils peuvent disposer, » iraient se heurter à ces corps d'armée qui vont défiler à travers les villages, en colonnes serrées, pendant des journées entières ?

Les habitants de Laon ne se crurent pas sauvés pour avoir repoussé une trentaine d'insolents coureurs : ils savaient trop qu'ils ne pourraient lutter contre l'armée qui marchait sur eux. C'est fort bien sans doute pour une ville d'être logée sur un plateau dont les flancs sont coupés à pic, et qui domine de si haut la plaine qu'on aperçoit sur toutes les routes, à dix lieues à la ronde, les quatre hautes tours de sa cathédrale ; mais ce plateau ne peut arrêter une armée, s'il n'est défendu sur tous les points. Or la ville de Laon est à peu près entourée d'un mur, mais d'un mur qui a depuis longtemps égrené son ciment à ses pieds, et en maints endroits ne tient plus que par habitude, un mur pittoresque que l'eau noircit et que la mousse verdit, un mur archéologique où alternent, sans rime ni raison, la tour ronde et la tour carrée, aussi solides l'une que l'autre, et qui s'écrouleraient au premier sifflement de l'obus. Si la citadelle est moderne et forte, elle ne saurait protéger tout le plateau laonnois.

La forme de ce plateau peut être exactement comparée à celle de la Sicile, l'île aux trois pointes. C'est à la pointe orientale que se dresse la citadelle ; mais sur le promontoire de l'ouest tournent pacifiquement les ailes d'un moulin à vent, et les vieilles murailles du monastère Saint-Vincent se cachent dans un bosquet à la pointe du sud. Pour que l'on pût appeler Laon une ville forte, il faudrait que chacun de ces caps portât une forteresse, que la ville fût entourée d'une enceinte, que l'artillerie et la garnison fussent en mesure de défendre un pourtour de quatre kilomètres.

On comptait à Laon une trentaine de canons, parmi lesquels trois ou quatre pouvaient être utiles, un seul pouvait réellement servir ; quant aux artilleurs, il s'en trouvait une compagnie parmi les 4,500 mobiles qui composaient la garnison, on avait même un mobile qui savait tout l'exercice à feu ; au moment suprême, on lui confiera la bonne pièce. Il est difficile à une population qui se sait ainsi protégée d'attendre avec sérénité l'orage qui s'approche.

On l'a dotée d'un comité de défense, mais elle sait que les officiers du génie du corps Vinoy ont déclaré que la ville ne peut être défendue sans de grands travaux, qu'on n'a pas le temps d'exécuter. Ce ne sont point les tranchées qu'on creuse devant ses portes qui la rassureront : d'un saut, on les franchirait comme le fossé de Romulus. On la convie à prendre part aux travaux de la citadelle, et l'autorité militaire fait une réquisition de pioches, ignorant qu'elle en possède en magasin cinq cents, toutes neuves, que les Prussiens sauront bien trouver.

Le maire fournit les pioches, et à l'heure dite se met à la tête d'une escouade de travailleurs volontaires. On arrive à la citadelle ; le portier et le garde du génie demandent, étonnés, ce qu'on vient faire. On attend deux heures par une pluie battante, puis on se retire. Ces petits faits donnent aux habitants une haute idée de l'organisation de la défense ; bientôt ils apprendront que, vérification faite, on manque d'étoupilles, il faut en envoyer quérir à La Fère. En vérité, comme disait le préfet, « la ville de Laon, chef-lieu du département, était en mesure de rendre les services que sa situation comportait. » Elle était en mesure de repousser les avant-coureurs de l'armée du grand-duc de Mecklembourg ; mais contre cette armée elle ne pouvait rien... que se laisser détruire, sans profit pour personne.

C'est bien de la destruction de la ville que parle le colonel comte Alvensleben, quand il vient, le 8 septembre, la sommer de se rendre le lendemain à six heures du matin. En vain veut-on l'amener à distinguer entre la ville et la citadelle ; le parlementaire déclare que la ville sera brûlée avant qu'il soit tiré un coup de canon sur la citadelle. Après son départ, grand émoi dans les rues.

Les habitants courent du préfet au général. Placés en face de la terrible réalité, ceux-ci comprennent qu'on ne peut faire brûler une ville pour l'honneur d'une citadelle qui ne saurait la protéger, ni se défendre elle-même ; mais ils ont pris un engagement public : il leur faut l'autorisation de ne point le tenir. Ils télégraphient au ministère de la guerre, d'où arrive, la nuit, cette réponse : « agissez devant la sommation suivant la nécessité. » Ils font enfin la juste appréciation de cette nécessité, et rédigent la capitulation. Si l'on avait, quelques jours plus tôt, sainement jugé de l'état des choses, le général Thérémin et les quinze cents mobiles auraient évacué la place avec tout son matériel, et ces jeunes hommes qui, pour devenir des soldats, n'avaient besoin que d'expérience, eussent été conservés à la défense nationale.

Le 9 septembre, à midi, l'armée allemande fait son entrée en ville, musique en tête. Après que les postes ont été placés, le duc de Mecklembourg se rend à la citadelle avec son état-major et un bataillon de chasseurs. Le général venait de faire la remise de la citadelle et s'entretenait avec le duc de Mecklembourg. Les mobiles, que la capitulation renvoyait dans leurs foyers à la condition de ne plus servir pendant la durée des hostilités, avaient déposé leurs armes et achevaient de défiler quand une explosion retentit.

Un grand cri s'élève ; un nuage épais, noir, monte en se tordant vers le ciel : la poudrière a sauté. 460 personnes gisent à terre, parmi lesquelles 100 Allemands. Le général et le duc sont tombés l'un près de l'autre ; mais celui-ci se relève vite en proférant des cris de colère et de vengeance. Dans la ville, l'explosion a brisé au loin les vitres des maisons et projeté de tous côtés des pierres qui ont atteint jusqu'au sommet des tours de la cathédrale et d'horribles débris humains qu'on retrouvera dans les greniers. Des murs sont fracassés, des toits effondrés. On sort des maisons, on s'interroge ; mais un flot d'Allemands et de mobiles s'est précipité dans les rues au bruit de l'explosion. Les Allemands tirent sur les mobiles, les poursuivent jusque dans les maisons, dans les caves. Bientôt paraît le duc de Mecklembourg, traînant son pied blessé. Il pleut à torrents, et son visage, son manteau noir, ruissellent d'une boue jaunâtre.

Un piquet de soldats l'escorte, l'arme prête, regardant de droite et de gauche, visant les rares habitants qui paraissent dans la rue ou montrent aux fenêtres leurs visages effarés. Le cortège arrive à l'hôtel de ville. « Où sont les autorités ? » s'écrie le duc. Le maire se présente. « C'est une honte pour la France, continue le duc, c'est une infamie ! J'en veux tirer une vengeance dont on parlera dans mille ans ! » Et comme le maire essaie de parler : « Silence, c'est moi qui commande ici ! » Les soldats tiennent couchés en joue les conseillers et les personnes qui se sont réfugiées à l'hôtel de ville.

L'œil fixé sur leur général, ils n'attendent qu'un signe, et leur visage dit qu'ils le désirent.

Cependant le maire, d'une voix calme, rejette au nom de la ville toute complicité dans l'événement, parle des dépêches qu'il a envoyées au ministère de la guerre pour démontrer que la ville ne pouvait se défendre. Le duc reste muet, le visage altéré par la fatigue, l'émotion, la douleur de sa blessure. On lui offre un verre d'eau. — « Je n'ai pas confiance ! » s'écrie-t-il en l'écartant de la main. Heureusement le comte Alvensleben arrive ; avant de se présenter dans la ville comme parlementaire, il y avait, dit-on, passé deux jours sous un déguisement ; il prend la défense de la ville, intercède pour elle et fait les plus louables efforts pour calmer le prince. Celui-ci cède enfin ; il ordonne que le général et le préfet seront arrêtés et traduits devant un conseil de guerre, et que des otages répondront de la sécurité de ses soldats. Son escorte relève les fusils, et les officiers font cesser le massacre dans les rues.

Les habitants courent alors à la citadelle. Le spectacle était plus horrible que celui d'un champ de bataille, car beaucoup vinrent là pour reconnaître un des leurs, qui remuèrent inutilement un tas informe de chair humaine. On transporta toute la journée à l'Hôtel-Dieu les blessés et les restes des morts, et fort avant dans la nuit on entendait encore dans les rues le pas des brancardiers et la plainte des blessés. La lumière s'est faite sur ce lugubre épisode, et l'on ne peut plus douter que l'unique auteur de la catastrophe ne soit le garde du génie Henriot, vieux soldat auquel les malheurs de la patrie avaient troublé la tête.

Au moment où l'ennemi s'établissait ainsi au chef-lieu, tout le sud du département était couvert par l'invasion. Poussant son aile droite jusqu'à Crépy, au nord-est de Laon, à quelques kilomètres de La Fère, l'armée allemande descend en trois colonnes dans la direction du sud-ouest. La première, qui a traversé Laon, va passer l'Aisne au pont de Cuise-la-Motte ; elle atteindra bientôt Pîerrefonds et Compiègne. La seconde passe par Braisne, Villers-Cotterets, et envoie ses coureurs jusqu'à Chantilly. La troisième suit la vallée de la Marne, et se dirige sur Meaux par Château-Thierry. Dans cette dernière ville passent le roi Guillaume et M. de Bismarck, hommes prudents qui craignent de trouver sur la grande route de Paris quelque fusil à l'affût.

Les populations attendaient l'ennemi dans une indicible terreur. Quand il arrivait après avoir été vingt fois annoncé par de fausses rumeurs, et qu'on voyait s'avancer dans la plaine, graves, silencieuses, sans trompettes ni tambours, Sans un cri, sans cliquetis d'armes, les longues colonnes de ses fantassins et de ses cavaliers, quand ses éclaireurs paraissaient la carabine au poing, les plus fermes sentaient battre leur cœur. Cependant les hommes entraient dans les maisons et s'y installaient, ils s'occupaient de la nourriture et du coucher ; ceux qui étaient fatigués s'étendaient dans quelque coin, les malades demandaient des soins ; tous paraissaient bourrus et maussades. Néanmoins, comme on s'attendait à être battu et chassé de chez soi, on commençait à respirer ; on remarquait avec plaisir que leurs officiers affectaient une certaine politesse ; on se sentait protégé par la discipline allemande, qui faisait l'admiration et l'envie de ceux qui avaient vu, quelques jours avant, passer les troupes françaises. Cette première impression ne durait guère. On s'apercevait bientôt que le seul moyen de garder quelque tranquillité était d'obéir à toutes les volontés du soldat, à tous ses caprices et « tout de suite. » Ceux qui ne savaient que dix mots de français savaient ces trois mots : *tout de suite*. A la moindre hésitation, on voyait grincer les dents noires de ces rougeauds ; à la moindre désobéissance, les coups de plat de sabre pleuvaient, et le récalcitrant était expulsé de chez lui à la baïonnette. Si la désobéissance était de nature à compromettre la sécurité de l'ennemi, il n'y avait qu'une peine, le *fusillement* : ce mot nouveau a été créé par les envahisseurs pour les besoins quotidiens de leur conversation avec les vaincus. On n'en finirait pas, si l'on voulait conter tous les épisodes de cette guerre atroce ; d'ailleurs le monde entier connaît aujourd'hui les procédés de nos ennemis.

Le département de l'Aisne a eu ses victimes, dont nous ne dirons pas les noms obscurs ; il suffit qu'on se souvienne là où elles sont tombées, et nous en savons plus d'une qui ne sera pas oubliée. Dans l'application du système de terreur qu'il faisait peser sur le vaincu, l'envahisseur n'a pas une fois cédé à la pitié ; le sang-froid qu'il gardait dans l'exécution de ce qu'on appelle les lois de la guerre montrait qu'il était implacable. Magistrat d'une nouvel espèce, il a, comme dans un code prévu, classé ce qu'il appelle des délits et des crimes ; il les a frappés d'une peine édictée d'avancé, et qui n'est point révocable. Nous savons qu'on peut tout craindre de la furie française, mais on peut tout espérer de la générosité française, il n'y a pas de furie, mais il n'y a pas non plus de générosité allemande.

La crainte des châtiments qui atteignaient toute velléité de résistance, la conviction trop justifiée qu'on avait dans les pays envahis qu'une défense sérieuse était impossible, puisque les dernières forces de la France étaient enfermées dans Paris, décourageaient la population On en vint à redouter comme une calamité le voisinage des francs-tireurs dont les compagnies n'étaient du reste, à quelques exceptions près, ni assez bien commandées, ni assez bien composées pour faire subir à l'ennemi des pertes comparables aux malheurs qu'elles attiraient sur les habitants. Tout Allemand devint un personnage sacré pour le vaincu. Tel officier s'est promené seul, à plusieurs lieues du campement de sa troupe, traversant les villages, distribuant aux passants les coups de cravache sur la tête, et le campement l'a vu revenir sain et sauf, satisfait et fier de sa promenade. Un jour, un chevalier d'industrie a recueilli, sous le costume allemand, de l'or et des billets de banque en faisant par les mairies une tournée de réquisitions personnelles.

Ailleurs trois landwehriens, fatigués de la guerre, ne purent parvenir à se constituer prisonniers ; on crut qu'ils tendaient quelque piège, car les Allemands avaient l'habitude de frapper d'une amende les communes qui faisaient des prisonniers. Un cavalier ayant été capturé dans les rues de Guise, le comte de Lippe, général saxon, prit l'arrêté suivant : « attendu que les habitants de Guise ont capturé un soldat allemand, pour cette bêtise la ville paiera une amende de 10,000 francs ; » à ce compte, nos trois landwehriens représentaient une valeur de 30,000 francs ; ils furent reconduits en voiture hors du territoire de la commune. L'ennemi a donc produit l'effet qu'il attendait de ses rigueurs : la terreur régnait dans le pays, et il pouvait en toute tranquillité consacrer son attention et ses forces à des opérations qui devaient avoir quelque importance, car il se trouve dans l'Aisne deux places fortes : Soissons sur la route de Paris, La Fère sur la route du nord, et le voisinage de Lille, où s'organisait une armée française, donnait une valeur particulière à la possession des voies ferrées, des routes, de tous les moyens de communication du département.

Située sur la rivière de l'Aisne, commandant les routes de Maubeuge à Paris, de Reims à Compiègne, de Château-Thierry à Saint-Quentin, et la ligne ferrée de Reims à Paris et Mézières, Soissons ne pouvait être longtemps négligée par l'ennemi. Au moment du grand passage, il ne s'arrête pas à en faire le siège : le temps presse, et le vainqueur ne parle que de sa prochaine entrée triomphale à Paris ; tout au plus prend-il la peine de tendre la main pour recevoir la capitulation. On la lui refuse, et il passe son chemin ; mais il fallait mettre l'arrière-garde et les convois de l'armée allemande à l'abri d'une surprise de la garnison, qui, trop faible pour se heurter à un corps d'armée, pouvait inquiéter des détachements isolés : aussi la cavalerie ennemie commence-t-elle le 16 septembre l'investissement de la place.

La garnison comptait une compagnie d'artilleurs de ligne, 200 artilleurs de la mobile du Nord, un bataillon du 15e de ligne, deux bataillons de mobiles de l'Aisne, en tout 4,000 hommes ; mais les deux tiers de cet effectif se composaient d'hommes qui, deux mois auparavant, ne s'attendaient point à être appelés sous les drapeaux. Les mobiles de Vervins, convoqués dans cette ville le 10 août, y ont reçu un fusil à tabatière ; dirigés sur Soissons, on leur a donné pour tout équipement une blouse de toile bleue avec la croix rouge sur le bras. Lorsque l'investissement commence, ils ont à peine un mois d'exercice. Quant au bataillon du 15e de ligne, il était composé moitié d'hommes du dépôt, mal habitués au maniement des armes, moitié de soldats de divers régiments échappés de Sedan, qui étaient venus offrir leurs services au commandant de place. Dans ces 4,000 hommes, il y avait beaucoup de braves gens, mais peu de soldats.

Soissons attendit longtemps l'inévitable coup de grâce qui devait mettre fin à sa résistance. Pendant près d'un mois, du 16 septembre au 12 octobre, l'attaque fut molle et l'investissement peu rigoureux. La garnison fit des efforts pour éloigner les lignes ennemies : deux fois elle réussit à faire entrer dans la place des convois de ravitaillement, des volontaires de la garde nationale figurèrent avec honneur dans plusieurs combats ; mais elle n'était ni assez forte ni assez exercée pour se heurter aux plus importantes positions, et le canon de la place essayait seul d'entraver les ouvrages qui s'achevaient à 3 kilomètres du bastion, sur les collines du sud. Le 12 octobre au matin, le bombardement commence.

Des batteries de Presle et de Sainte-Geneviève, la mitraille tombe sur la ville jusqu'au lendemain à trois heures de l'après-midi. A ce moment, un parlementaire se présente : il emporte une fière réponse. Le bombardement reprend plus furieux, et dure, sans interruption, jusqu'au surlendemain à la nuit tombante. L'artillerie de la place tient tête énergiquement à l'orage, pendant quatre-vingts heures, avec ses servants improvisés. Plus d'une fois la justesse de son tir ralentit le feu des batteries de Sainte-Geneviève ; mais Soissons se couvre de ruines.

Des obus trouent la tour Saint-Jean qui domine la ville, et dont la magnifique architecture rappelle au voyageur l'antique splendeur de la cité épiscopale ; la cathédrale est entamée, l'arsenal et la manutention sont criblés de projectiles, le grand hôpital, atteint dès la première heure, brûle, les casernes s'effondrent, et les obus qui éclatent sans cesse achèvent ici la destruction commencée, allument là de nouveaux incendies. Cependant, au pied du rempart, où la garde nationale a rejoint la garnison, la plaine est déserte. L'ennemi est invisible, et l'on est écrasé. Que faire ? Une large brèche a éventré le rempart auprès de Saint-Jean des Vignes. Si la raison permettait quelque espoir de délivrance, il faudrait persévérer, coûte que coûte ; mais un conseil de guerre a reconnu que les sorties sont impossibles, et d'où viendrait le secours ? La France n'a plus d'armée qui tienne la campagne. Quelques milliers d'hommes, détachés de Lille, ont poussé jusqu'à Saint-Quentin, mais ne peuvent s'aventurer si loin de leur base d'opération. Il ne restait plus à l'état-major de la place qu'à confesser son impuissance ; le 15 au soir, un parlementaire sortait de la ville ; à onze heures, la capitulation était signée ; le lendemain à midi, musique en tête, 20,000 Allemands commandés, par le duc de Mecklembourg entraient dans la ville conquise en poussant des hurrahs et en entonnant des chants de victoire.

Aux termes de la capitulation, les soldats de ligne étaient prisonniers ; leurs officiers et les officiers de mobiles étaient libres, à la condition de signer l'engagement écrit de ne plus servir contre l'Allemagne pendant toute la durée de la guerre ; la convention accordait aux mobiles de l'arrondissement de Soissons la faculté de rentrer dans leurs foyers, mais se taisait sur le sort des autres, et l'on ne sait sur quelle autorité se fondait le commandant du bataillon de Vervins quand il déclara, en manière d'adieu à ses hommes, qu'ils allaient être conduits sous escorte hors des lignes allemandes, et de là renvoyés chez eux. Toujours est-il qu'en compagnie des soldats de ligne et des mobiles du Nord ils prenaient, à cinq heures du soir, la route de Château-Thierry, c'est-à-dire d'Allemagne, 3,000 français environ étaient escortés par 800 Allemands. A huit heures, on venait de s'engager dans le bois d'Hartennes, quand des coups de feu partent à la tête de la colonne. C'est alors une confusion générale : 2,000 prisonniers s'enfuient à travers bois. Les Allemands, qui marchaient en tête ou sur les flancs, tirent, crient, gesticulent, piétinent de fureur, hésitant entre la garde de ceux qu'ils tiennent encore et la poursuite des fuyards, qui se dispersent dans les taillis.

A l'arrière-garde, prisonniers et gardiens, qui ne savent d'où vient le tumulte, se sont jetés à terre, les uns sur les autres, dans les fossés qui se comblent. « J'avais pour ma part, nous contait un de nos amis, un gros landwehrien sur le corps, il tremblait de tous ses membres, il croyait que nous étions délivrés et me caressait la tête en me disant : bon Français, bon Français ! mais quand ses camarades et lui se furent relevés sur l'ordre des officiers, et qu'ils se retrouvèrent à peu près un contre un, eux armés et nous sans armes, Il me donna les plus furieux coups de crosse que j'aie reçus sur le chemin de l'Allemagne. »

Quand les Allemands se décidèrent à poursuivre leur chemin, ils avaient perdu les deux tiers de leur convoi. On ne sait d'où partit cette fusillade nocturne : on a dit que des francs-tireurs cachés dans le bois avaient tiré sur l'escorte des prisonniers pour faciliter leur évasion. Cette supposition n'est guère vraisemblable, car aucun franc-tireur n'a revendiqué cet exploit. Il est à peu près certain que des soldats de ligne qui marchaient, en tête se sont jetés, à la faveur de la nuit, sur leurs gardiens, en ont désarmé plusieurs, et après quelques coups de fusil ont donné le signai de la fuite.

La prise de Soissons, en même temps qu'elle assurait à l'ennemi la tranquille possession d'une des grandes routes de l'invasion, lui livrait toute la partie méridionale du département de l'Aisne. Depuis quelques jours d'ailleurs, le pays était officiellement considéré comme conquis, car M. de Landsberg avait pris les fonctions de préfet de l'Aisne. Cependant le nord n'était pas soumis encore ; La Fère n'avait pas été attaquée, et dans Saint-Quentin résidait le préfet de la république, M. de La Forge, fermement décidé à disputer le terrain à son compétiteur. Déjà même il avait infligé à celui-ci, au lendemain de son installation, un échec mémorable.

Le 8 octobre 1870, une colonne, composée de deux compagnies de landwehr et de 400 dragons de Mecklembourg, s'était présentée en vue de Saint-Quentin ; mais la ville avait prévu cette visite. Ses ingénieurs avaient construit des barricades que ses gardes nationaux et ses pompiers étaient résolus à défendre. Aussitôt que le guetteur a signalé du haut de sa tour l'approche des éclaireurs allemands, le tocsin sonne à toute volée, appelant à leur poste les défenseurs de la ville ; ils accourent en grande hâte. Du côté où se présentait l'ennemi, c'est-à-dire au sud-est, la ville se termine au canal et à la Sambre, qui forment deux lignes d'eaux voisines et parallèles. Sur les ponts, en sortant de Saint-Quentin, on a devant soi le faubourg d'Isle, qui monte par une pente assez raide vers la campagne, et derrière, la rue d'Isle, également escarpée, qui conduit au centre de la ville. C'est en-deçà du canal, dont le pont a été disposé de manière à être jeté à l'eau en quelques minutes, que s'élève le plus solide ouvrage de défense, une barricade bien construite et se reliant aux maisons voisines.

En haut du faubourg d'Isle, une première barricade abrite un poste avancé. C'est de là que les pompiers tirent les premiers coups sur la colonne allemande, quand leur commandant s'est assuré qu'elle n'est précédée d'aucun parlementaire. Après l'avoir arrêtée le temps nécessaire pour qu'on puisse jeter à l'eau le pont du canal et fermer la grande barricade, ils se retirent en ordre et viennent se ranger près de la garde nationale. Derrière eux, les Allemands entrent dans le faubourg ; mais, bien qu'ils se glissent le long des maisons, ils sont atteints par les balles d'excellents tireurs, qui visent avec calme, annoncent leurs coups et sont applaudis par leurs camarades. La lutte dure depuis plus de trois heures quand la commission municipale, avertie qu'un incendie vient d'être allumé par l'ennemi dans le faubourg et trompée par de faux rapports sur le nombre des morts et des blessés, se rend à la barricade pour représenter au préfet qu'une ville ouverte comme Saint-Quentin ne peut pousser la résistance au-delà des limites d'une défense honorable.

Depuis le début de l'action, le préfet s'était tenu debout près de la barricade, encourageant les combattants par son exemple et par sa parole, sans ostentation, avec le sang-froid que donne le courage. Il répond à la commission que, la lutte étant engagée, c'est aux commandants militaires seuls qu'il appartient de décider si elle doit cesser ou continuer. Les commandants de la garde nationale et des pompiers reconnaissent que la situation peut s'aggraver par une modification du plan d'attaque ou par l'arrivée de renforts ennemis ; mais, avant d'entrer en pourparlers avec les assaillants, ils demandent à continuer la lutte une heure encore. Une demi-heure après, l'ennemi commençait sa retraite ; il emportait une quarantaine de morts et de blessés, et laissait quelques prisonniers entre les mains de la garde nationale.

Du côté de la ville, douze hommes avaient été atteints, parmi lesquels M. de La Forge. La fureur de l'ennemi fut grande quand il éprouva cette résistance inattendue. Fidèles à leur lâche habitude, les soldats passèrent leur mauvaise humeur sur des gens inoffensifs ; ils emmenèrent une dizaine de prisonniers qui n'avaient commis d'autre crime que de se trouver sur leur chemin ; le long de la route, ils les insultèrent et les battirent : l'un d'eux fut si maltraité par les landwehriens ivres qu'un chirurgien dut panser ses blessures au bord d'un fossé avant d'arriver à Ribemont.

Le colonel de Kahlden, commandant de Laon, qui avait ordonné l'expédition, ne voulut point rester sous le coup d'une défaite qui eut quelque retentissement, car Saint-Quentin venait de donner aux villes ouvertes un grand exemple en repoussant l'ennemi sans le secours d'aucune force régulière. M. de La Forge savait bien que les représailles ne se feraient pas longtemps attendre : il avait obtenu qu'un corps d'armée de 10,000 hommes vînt tenir garnison à Saint-Quentin ; mais l'autorité militaire reconnut que la ville ne pouvait être mise en état de défense, et que les troupes n'y seraient pas à l'abri d'un coup de main : elles furent rappelées au lendemain de la capitulation de Soissons, et Saint-Quentin se trouva ainsi livré sans défense à la colère de l'ennemi au moment où ses forces devenaient disponibles.

A la nouvelle de la décision de l'autorité militaire, M. de La Forge donna sa démission. Le 20 octobre, M. de Kahlden réunit une petite armée. Il la divise en deux colonnes, dont l'une va investir La Fère pendant que l'autre marche sur Saint-Quentin. Dans les villages qui avoisinent La Fère, on crut que le siège allait commencer ; on en fut quitte pour la peur et pour le pillage de quelques demeures. Les 1,000 hommes qui arrivent à Danizy le 19 octobre bouleversent les maisons de fond en comble sans épargner les habitants ; puis ils procèdent au déménagement chez les récalcitrants en entassant sur les chariots des couvertures, des vêtements d'homme et de femme, des couteaux, des cuillers, de la vaisselle, même des chandeliers et des casseroles.

Les habitants menacent de se plaindre aux officiers, au colonel. Or M. le colonel était avec 3 officiers et 150 hommes au château de M. D... Les chevaux mangeaient l'avoine en pleine auge ; les officiers buvaient le champagne à pleine coupe, le ventre à table, le dos au feu, qui flambait si bien qu'un incendie se déclare tout à coup. « J'avais justement, dit le colonel, l'intention de faire brûler cette cassine. » Comme il y devait passer la nuit, il fit pourtant éteindre l'incendie ; mais le lendemain ses hommes chargeaient sur des fourgons une pendule, les plus jolis meubles, des tapis et tout le vin de la cave. Ce colonel ne pouvait punir ses soldats d'avoir volé des casseroles. Le surlendemain, toute la colonne reprenait la direction de Laon.

Pendant que la garnison de La Fère attendait une attaque et s'y préparait, le coup de M. de Kahlden réussissait.

Le 20 octobre au soir, le colonel avait appris au village de Brissais-Choigny que les ponts sur l'Oise et sur la Sambre étaient rompus ; mais il avait expédié aux autorités municipales de la commune de Vendeuil, sur le territoire de laquelle les ponts étaient bâtis, l'ordre de les reconstruire avant le lendemain à dix heures du matin sous peine d'une amende de 20,000 francs et d'autres représailles militaires, comme « l'emprisonnement et le fusillement des principaux habitants. »

En une nuit, les ponts furent rétablis, les hommes travaillant, les femmes et les enfants éclairant la rive avec des lanternes. Le colonel, comme témoignage de satisfaction, consentit à réduire l'amende à 10,000 fr. ; encore voulut-il bien se dessaisir de 500 francs au profit des pauvres de la commune. Après cette œuvre charitable, il poursuivit sa route. Arrivé vers onze heures du matin au-dessus de Saint-Quentin, il place deux batteries auprès de la route de La Fère, à 3,500 mètres du centre de la ville, et s'annonce par trois obus envoyés sans sommation.

La garde nationale était aux barricades, mais l'ennemi ne paraissait pas, il était certain qu'il ne paraîtrait pas. Les trois obus voulaient dire que M. de Rahlden était là et qu'il attendait ; d'autres, qui arrivaient par intervalles inégaux, prouvaient qu'il s'impatientait. Le commandant des pompiers et un officier de la garde nationale qui entendait l'allemand partent avec le drapeau blanc. Aux avant-postes, ils trouvent un officier de landwehr qui les mène à M. le colonel. Celui-ci était dans un champ à la tête de ses cavaliers. Près de lui se tenait comme interprète un jeune homme du nom de Berg, Belge de naissance, Allemand de profession ; on lui gardera un long souvenir dans le département où il fut, durant toute l'occupation, l'instrument haineux des rigueurs de l'ennemi.

Le lorgnon sur le nez, blond, petit, grêle, il semblait abriter derrière les géants du Mecklembourg sa faiblesse et son insolence. Quand M. de Kahlden avait parlé, il traduisait d'une voix sèche, en scandant ses paroles, les ordres de « M. le colonel. » Or M. de Kahlden donna l'ordre aux parlementaires d'aller quérir la commission municipale *tout de suite*, ajoutant que, si elle ne se dépêchait pas de venir, il brûlerait la ville. Quand la commission arriva, il lui remit une pièce fort curieuse que la ville conserve dans ses archives. C'était un jugement motivé qui frappait la commune : 1° d'une amende de 600,000 fr. « par suite de la proclamation du 18 septembre 1870, signée par M. Anatole de La Forge, ainsi que de plusieurs articles dans le *Courrier de Saint-Quentin* du 30 septembre 1870, contenant des sentiments calculés d'exciter la population à lui faire prendre les armes, et à exprimer des sentiments hostiles à sa majesté le roi de Prusse ; » 2° d'une amende de 300,000 francs et d'une réquisition de 20 chevaux de selle, « pour avoir, dans la journée du 8 octobre 1870, tiré à coups de feu sur une compagnie d'infanterie et trois escadrons de dragons qui étaient envoyés à la ville sans aucune intention hostile, afin de lui remettre des proclamations, et pour avoir détruit les ponts et moyens de communication avec la ville, et avoir empêché les troupes de remplir leur mission. »

Il y avait fort à dire sur ce tarif fantastique qui frappe d'une amende de 600,000 francs l'insulte faite à sa majesté le roi de Prusse, et n'en réclame que moitié pour des coups de feu qui ont jeté par terre 40 Allemands ; mais M. de Kahlden ne souffrit pas qu'on dît la moindre chose. A trois heures, il entra dans la ville et procéda au désarmement de la garde nationale. Une affiche avertit les détenteurs d'armes *quelconques* d'avoir à les déposer dans un délai de deux heures sous peine de mort. Une autre contenait cette phrase unique : « l'autorité allemande prévient que, si un coup de feu est tiré sur un soldat allemand, six habitants seront fusillés. »

La commission municipale se soumit ; elle fit appel à la bonne volonté des habitants pour trouver sur l'heure 950,000 francs, car les chevaux présentés avaient été tous refusés, et l'amende s'était accrue de 50,000 francs ; les souscriptions volontaires n'ayant point suffi, on eut recours aux banquiers de la ville et à la Banque de France, et l'argent fut intégralement compté.

La ville fournit encore du sucre, du tabac, des cuirs en quantités invraisemblables. Le 22 au soir, tout le produit de cette productive expédition était soigneusement emballé dans des voitures réquisitionnées ; puis, avant le jour, sans bruit, avec de si minutieuses précautions que personne n'en fut éveillé, cavaliers et fantassins se glissèrent hors de la ville. M. de Kahlden laissait sur les murs une insolente affiche : « Si après le départ des troupes allemandes des *nouvelles* manifestations déloyales, si des désordres quelconques ont lieu de manière à nécessiter le retour des troupes, il serait procédé contre la ville avec la plus grande rigueur. Des contributions fort élevées devront être payées, et chaque individu compromis ou *soupçonné* sera puni de mort. »

En aucun pays, en aucun temps du monde, le vainqueur n'a plus insolemment dénié au vaincu le droit de la défense, ni pris un moindre souci de tempérer par quelque générosité l'emploi de sa force. Le 48e landwehr, qui était de la campagne de Saint-Quentin, ne se sentait pas d'aise d'avoir accompli pareil exploit, et c'était une joie homérique dans l'état-major de M. de Rahlden quand le jeune baron Berg invitait ceux qu'il rencontrait sur la route à « voir passer le million de Saint-Quentin. »

Les populations, réduites à dévorer en silence de tels affronts, ne pouvaient se résigner à croire qu'il faudrait les endurer jusqu'au bout. Elles accueillaient avidement les nouvelles les plus invraisemblables, au début surtout, car les mensonges tombèrent à la fin si drus et si gros qu'ils ne trouvèrent plus de dupes. Vers la fin d'octobre, on espérait encore : on s'entretenait des exploits du maréchal Bazaine, on disait qu'il avait brisé les lignes prussiennes, qu'il allait venir ; mais les journaux de l'ennemi, qui malheureusement ne mentaient guère, annonçaient sa capitulation. Dix jours après, le département était foulé du nord au midi par une nouvelle invasion.

Une fraction de l'armée qui a pris Metz passe à Château-Thierry, marchant vers Paris ;

l'autre, plus considérable, déroule pendant près de quinze jours ses colonnes et ses convois sur les routes de Reims à Soissons et de Soissons à Laon ; de là elle prend par tous les chemins la direction d'Amiens. Manteuffel la commande, et elle a pour mission de détruire notre armée du nord. Ce renouveau d'invasion assombrit toutes les pensées, et dans les villages encombrés d'Allemands on se demande ce que les journaux de Paris entendent par ces paroles que « l'Allemagne est définitivement épuisée. »

II

A la première nouvelle de la capitulation de Metz, La Fère fit ses derniers préparatifs pour soutenir un siège : la possession de cette place était en effet aussi nécessaire à l'armée qui allait opérer dans le nord que l'avait été la possession de Soissons pour l'armée qui, au mois de septembre, marchait sur Paris. Aussi le 13 novembre le capitaine de vaisseau Planche, récemment nommé au commandement de La Fère, reçut-il la sommation de se rendre. Elle lui fut apportée par le maire et l'adjoint d'une commune voisine, qu'une colonne ennemie avait requis de faire office de parlementaires. Il refusa d'abord de considérer comme sérieuse une démarche contraire à tous les usages ; mais sur les instances de ces parlementaires malgré eux, qui lui représentèrent qu'ils devaient rapporter une réponse sous peine de mort, il leur remit un exemplaire de la proclamation que deux jours auparavant il avait fait afficher dans la ville. Il y avait déclaré qu'il se défendrait jusqu'à la dernière gargousse, jusqu'au dernier morceau de biscuit ; que, si la place était bombardée, « il ne se laisserait arrêter par aucune considération d'intérêt particulier. » — « Nous aurons des souffrances à supporter, disait-il en terminant ; mais nous serons forts et énergiques, et nous montrerons que l'ère des lâches capitulations est passée. » L'énergique officier qui tenait ce langage ne se faisait pas illusion sur la force de la place ; mais, avant d'en prendre le commandement, il avait reçu la promesse d'être secouru par l'armée du nord, et il voulait préparer les habitants à tout endurer jusqu'à l'arrivée du secours attendu.

Les Allemands, qui savaient trop bien que l'armée du nord allait être mise hors d'état de songer à autre chose qu'à son propre salut, considéraient déjà La Fère comme ville prise ; seulement, pour s'éviter la peine d'un siège dont l'issue leur paraissait certaine, ils se seraient contentés de l'évacuation de la place et du libre passage par le chemin de fer. Ils acceptèrent le défi du commandant, et le lendemain l'investissement de La Fère commençait.

Jamais place n'a mérité aussi bien que La Fère le nom de nid à bombes. Le voyageur qui se dirige vers cette ville en venant de Saint-Quentin découvre, au moment où il dépasse le village de Travecy, une ligne bleue de hauteurs boisées. A sa gauche s'élèvent les collines du Parc et de Danizy, séparées par un court vallon ; en face de lui, le plateau de Charmes et d'Andelain ; à sa gauche, la forêt de Saint-Gobain va s'inclinant vers les bords de l'Oise. Son regard est attiré au loin par les tours de la cathédrale de Laon, qui apparaissent dans une échappée entre Charmes et Danizy et dominent le paysage ; mais ce qu'il ne découvre qu'en dernier lieu, et non sans faire effort, c'est la ville de La Fère, qui est à ses pieds : vue de 3 kilomètres au nord, elle semble adossée aux collines et perdue dans leur ombre. L'ennemi n'aura que l'embarras du choix pour ses positions.

Comme Soissons, La Fère prend les précautions traditionnelles. Les 2,700 mobiles qui avec quelques-francs-tireurs composent sa garnison sont employés aux travaux de la défense. On fait monter les eaux de l'Oise pour inonder la prairie, le faubourg Notre-Dame, qui mène à Danizy, est coupé par des tranchées, et si bien semé de chevaux de frise, cavaliers, casse-cou, que, si jamais l'ennemi s'y engage, il n'en sortira pas ; mais telle n'est point son habitude. Encore une fois, pauvres villes fortes du temps passé ! quand elles emploient leurs vieux procédés contre les engins nouveaux des brûleurs de villes, elles ressemblent à des insectes pris sous la lourde patte d'un éléphant, et qui, près de mourir, lancent leur dard ou leur venin, parce que leur instinct veut qu'ils fassent ainsi, et qu'ils ne savent ni ne peuvent faire autre chose.

Contre cette place condamnée d'avance, les Allemands emploient toutes les ressources de leur science, de leur nombre, de leur matériel. Leurs précautions sont prises comme s'ils avaient en face d'eux le plus redoutable ennemi. Derrière des murs et des haies, dans de profonds fossés, leurs avant-postes, poussés aussi près que possible de la ville, demeurent immobiles, silencieux, invisibles. Du côté de la campagne, des postes d'infanterie protégés par des tranchées sont établis sur les routes, sur les sentiers, et à coups de fusil écartent les indiscrets.

De poste en poste, des cavaliers vont et viennent sans arrêter ; d'autres éclairent les routes et les villages voisins. Cependant ces mystérieux assiégeants travaillent ostensiblement sur toutes les collines : à Travecy, mais surtout au sud, à Charmes, à Andelain, à Bertaucourt. Certainement c'est là qu'ils établiront leur artillerie, et la place canonne d'importance ces positions ; c'est en face d'elles, à côté de la gare, qu'elle met ses meilleures pièces en batterie. A l'est, au petit polygone, dix pièces sont servies par d'anciens canonniers volontaires, c'est la batterie des vieux, quatre regardent Danizy. Or le 24, à six heures du soir, l'artillerie de l'ennemi et 200 voitures chargées du matériel nécessaire à l'établissement des batteries arrivaient à Danizy.

Depuis deux jours, le piquetage était fait et les emplacements marqués : en moins d'une heure, toutes ces voitures avaient déposé leur chargement, planches, madriers, rails de chemin de fer, pelles, pioches, saucissons, gabions, aux lieu et place désignés d'avance, sans hésitation ni encombre. Aussitôt, de la colline du Parc jusqu'à la chaussée du chemin de fer, sur une grande ligne circulaire qui enveloppe le front oriental de la place, les travailleurs se mettent à l'œuvre. En une nuit, ils enlèvent, pour établir les batteries et creuser les fossés où s'abriteront les troupes de soutien, 4,400 mètres cubes de terre.

A l'approche du jour, de hardies escouades vont à 300 mètres du bastion scier des peupliers qui auraient gêné le tir ; à peine sont-elles rentrées dans les retranchements que le premier obus est tiré sur la ville : il va droit à la chambre du commandant de l'arsenal.

Tout le monde est surpris à La Fère, et les mobiles demeurés au quartier, qui se précipitent à la hâte hors des chambrées, laissant des morts sur les escaliers qui s'effondrent, et les artilleurs de la gare qui prennent le café à l'auberge d'en face, et *les vieux* surtout, qui avec leurs quatre pièces, portent le principal effort d'un feu infernal. Artilleurs de Sébastopol et de Solferino, ils ne s'étaient jamais trouvés à pareille fête, car ce jour et cette nuit-là 3,500 obus tombèrent sur la malheureuse petite ville, qu'aisément on traverse en dix minutes dans toute sa longueur. Tous firent leur devoir pourtant, les jeunes comme les vieux ; mais les embrasures sont ruinées, la plupart des canons qui peuvent tirer sur Danizy sont démontés, quelques-uns, visés avec une justesse qu'expliquent l'habileté des pointeurs ennemis et la proximité de leur position, sont atteints en pleine âme ; à midi, la destruction est effroyable, surtout dans le quartier militaire, à l'est de la ville.

La porte Notre-Dame n'a pas une pierre qui ne soit touchée ; l'arsenal, les casernes, le magasin à fourrages, s'allument successivement ; dans les rues désertes sifflent les boîtes à balles, et des bestiaux, chassés des étables militaires, errent en beuglant. Le 26 novembre au matin, après bien des hésitations et une longue lutte entre l'ardent désir de résister encore et la raison, qui démontre l'inutilité de la lutte, le commandant de place cède, aux prières de la ville.

Aucun secours n'est possible : quelques troupes venues de Ham se sont en vain heurtées, six jours auparavant, aux lignes d'investissement, auprès de Vouel et de Liez ; quant à l'armée du nord, elle est aux prises avec Manteuffel. A neuf heures, un parlementaire est envoyé à l'ennemi ; mais le brouillard cache le drapeau, et la violence du bombardement couvre l'appel du clairon. Une heure passe ainsi ; enfin des gens du faubourg qui ont aperçu le signal avertissent les Allemands.

Le feu cesse, et bientôt le parlementaire rentre en ville avec un capitaine d'état-major prussien. Ce capitaine s'était moqué quand on lui avait mis le bandeau sur les yeux : il connaissait La Fère aussi bien que personne, disait-il ; il s'était pourtant soumis à cause de la vieille habitude, mais, chemin faisant, il maugréait contre la vieille habitude quand son pied heurtait un obstacle ou que son sabre sonnait contre les fils de fer des casse-cou.

Cette facile victoire mettait au pouvoir de l'ennemi la voie ferrée qui, partant de Reims et passant par Laon, Crépy, La Fère, raccorde à Tergnier le chemin de l'Est à celui du Nord, En ce moment, Manteuffel entrait à Amiens après avoir refoulé l'armée française. Il a désormais par La Fère, Laon, Soissons, ses communications assurées à l'est ; au sud, il communique librement avec l'armée de Paris ; il peut laisser à une partie de ses troupes la surveillance de nos places fortes du nord et commencer avec le reste sa campagne de Normandie. Mais le département de l'Aisne ne devait pas connaître cette tranquillité funèbre qui pesait sur la France orientale depuis que le canon de Metz s'était tu, car notre armée du nord va entrer en scène.

En effet, La Fère était à peine prise depuis quelques jours, et les journaux allemands commençaient à raconter la marche triomphale de Manteuffel vers l'Océan, quand les troupes d'occupation du département de l'Aisne sont tout à coup saisies de panique. La Fère voit sa garnison dresser les ponts-levis, garnir les remparts d'artillerie ; dans les rues, des sentinelles, le fusil chargé, dispersent les rassemblements de plus de trois personnes. L'alarme va jusqu'à Laon, où le préfet met en sûreté sa personne, ses secrétaires et sa caisse, pendant que la garnison enferme à la citadelle ses munitions et ses vivres. Un soir un coup de feu retentit ; la générale bat, les officiers courent, les hommes se précipitent hors des maisons ; on ne soupçonnait pas au landwehrien cette agilité : tout ce monde s'enferme dans la citadelle, où l'on apprend que le coup de feu a été tiré par une sentinelle ivre. Le lendemain, on criait par la ville l'avis suivant :

« A partir de sept heures du soir, il est défendu de sortir sur la voie publique sans avoir une lanterne allumée. En cas d'alerte, signalée par le tambour ou la trompette, chacun devra rentrer immédiatement dans son domicile. Dans ce même cas, les fenêtres du premier étage de chaque maison donnant sur la voie publique doivent être éclairées. Ces dispositions sont prises dans l'intérêt des habitants. Le commandant leur enjoint de s'y conformer rigoureusement.

Le commandant fut obéi : à la nuit tombante, il vit dans les rues plus de lanternes qu'il n'en aurait voulu voir ; elles étaient de toutes les couleurs, et des reflets jaunes, violets, rouges, verts, éclairaient les figures narquoises de ceux qui les portaient. Ce ridicule arrêté fut, trois jours après, retiré : les Allemands s'étaient rassurés pour un moment ; mais d'où était venue cette subite inquiétude ?

Le général Faidherbe avait pris le commandement de l'armée du nord. Cette armée, née au milieu de nos désastres, a vécu trois mois en combattant, et son histoire est un glorieux épisode dans cette triste guerre. M. le général Faidherbe l'a racontée dans une courte et sobre notice que devront lire ceux qui cherchent des raisons de ne point désespérer de l'avenir. Au milieu d'octobre, l'organisation n'était pas même commencée.

Quelques bataillons de mobiles, sans cadres convenables, sept dépôts de ligne, qui envoyaient des détachements dans le centre de la France, un dépôt de dragons, qui fournissait à peine quelques cavaliers d'escorte, une batterie qui n'était pas en état de marcher, tels étaient les éléments qu'avait trouvés en octobre 1870 le commissaire général chargé par M. Gambetta d'organiser la défense dans la région du nord. Il se mit à l'œuvre pourtant, aidé par M. le colonel Farre, directeur des fortifications de Lille, qui lui fut adjoint avec le grade de général de brigade. Pas une heure n'est perdue. Quand le général Bourbaki prend le commandement en chef, le 22 octobre, avec le général Farre, qu'il a nommé major-général, l'œuvre est en bonne voie ; quand il la quitte, le 19 novembre, une première division est organisée, six batteries sont à peu près en mesure d'entrer en campagne, d'anciens sous-officiers, des officiers évadés de Metz et de Sedan, ont fourni les cadres. Resté à la tête de l'armée, le général Farre forme une seconde division, et il achève les préparatifs nécessaires à la mobilisation des troupes.

Des marchés sont conclus pour l'habillement et l'équipement ; mais, comme la fabrication de ces objets se fait d'ordinaire à Paris, il avait fallu s'adresser à l'étranger en même temps qu'à l'industrie privée et ne point se montrer difficile sur la qualité des fournitures. Peu nombreuses et accablées de besogne, les commissions de vérification acceptèrent un jour une livraison de souliers dont les semelles se composaient d'une feuille de carton entre deux tranches de cuir. Les malheureux soldats qui usèrent en quelques jours ces souliers sur les routes durcies par la gelée ou détrempées par la pluie purent envier le sort des fameux volontaires en sabots de la première république. Il ne faut point s'étonner qu'une aussi faible armée n'ait pu ni secourir La Fère, ni soutenir, le 27 novembre, le choc de l'armée de Manteuffel dans cette bataille d'Amiens où 35,000 Allemands furent engagés.

On avait organisé à la hâte, quelques jours avant le combat, la 1re brigade d'une seconde division ; le jour même, une batterie arrivait sur le champ de bataille, par le chemin de fer, à dix heures du matin, et ouvrait son feu à une heure de l'après-midi. Le service des munitions n'avait pu être complètement assuré, car l'artillerie et l'infanterie en manquèrent à la fin de la journée. Pourtant l'ennemi éprouva des pertes aussi fortes que les nôtres, et, quand il ramassa nos morts sur le champ de bataille, il n'en put croire les livrets qui attestaient que de très jeunes soldats avaient combattu avec tant d'honneur contre de vieilles troupes. Mais ce qui donne à l'histoire de l'armée du nord un intérêt particulier, c'est qu'en dépit de toutes les épreuves elle continue à s'organiser et à s'accroître, et qu'elle n'est jamais si près de rentrer en ligne que quand l'ennemi la déclare battue et détruite. Quand le général Faidherbe en prend le commandement, la seconde division est complétée, et l'armée du nord s'appelle le 22e corps. Aussitôt une troisième division s'organise, et déjà l'artillerie compte dix batteries ; 30,000 hommes et 60 canons sont prêts à entrer en campagne. Cinq jours après son arrivée, le général Faidherbe se mettait à la tête de l'armée ; la garnison prussienne de Ham était enlevée, La Fère menacée, et des journaux prussiens qualifiaient d'imprudent le mouvement de Manteuffel, qui interrompait sa marche sur Le Havre. Immédiatement les renforts arrivent de toutes parts à l'ennemi, qui opère d'importantes concentrations de troupes ; mais l'armée du nord s'accroît de trois batteries nouvelles et d'une quatrième division, formée de mobilisés. Elle se divise en deux corps d'armée, le 22e et le 23e, commandés le premier par le général Paulze d'Ivoy, le second par le général Lecointe. Faidherbe commande en chef avec le général Farre pour major-général. De ce jour jusqu'à la conclusion de l'armistice, Faidherbe poursuit avec une habileté, une persévérance qu'on ne saurait trop admirer, l'exécution du seul plan qu'il lui fût permis de suivre : se tenir autant que possible à portée des places fortes, tenter de temps à autre une pointe hardie, battre l'ennemi où il n'est pas en trop grand nombre, le tenir constamment en haleine, l'empêcher d'inonder les provinces ouvertes ou de se porter sur Paris, si l'armée d'investissement de la capitale venait jamais à être menacée.

La tâche était rude avec cette armée de 40,000 hommes, qui comptait à peine un tiers de troupes solides. Malade, accablé de fatigues, sans illusion sur l'issue de la campagne, nullement enclin à l'espérance, comme il paraît bien à la trop triste conclusion de son livre, Faidherbe soutint pourtant l'âme de ses soldats par la confiance qu'il leur inspirait. Déconcertés par la nouveauté d'une vie si rude, par la misère et le froid, par la continuité des malheurs de la patrie, ils reprirent courage, et furent dociles à la main du général a fait de bronze, » comme ils disaient.

Chaque fois que Faidherbe a frappé quelque coup vigoureux, les Allemands se donnent beaucoup de mal pour démontrer qu'ils l'ont battu. Ils abusent des apparences, qui sont contre lui, puisqu'il est obligé de ramener toujours son armée à portée des places fortes, et ils se moquent de ses victoires qui font reculer le vainqueur ; mais dans le département de l'Aisne on sait bien que l'ennemi n'est point aussi rassuré qu'il veut le paraître, car à peine Faidherbe a-t-il opéré ses premières concentrations de troupes, et débuté le 23 décembre à Pont-Noyelles, qu'on voit arriver les renforts envoyés à Manteuffel : 8,000 hommes venant de Montmédy passent à Saint-Quentin. Après la bataille de Bapaume, l'ennemi célèbre une nouvelle victoire ; mais on croit plus que jamais aux courtes et mâles proclamations par lesquelles Faidherbe félicite ses soldats, quand on voit se replier les troupes allemandes, qui, s'étendant pour la première fois dans le nord du département, avaient occupé Guise et semblaient menacer Vervins. Inquiet de l'audace croissante de Faidherbe, von Gœben, qui a succédé à Manteuffel, concentre ses forces à la fin de décembre pour lui tenir tête. Faidherbe allait exécuter la plus hardie expédition qu'il ait entreprise, et livrer une des grandes et sanglantes batailles de cette guerre. Au moment où devait être tenté de toutes parts le suprême effort que commandait la prévision de la chute prochaine de Paris, l'armée du nord quitta ses cantonnements de Boisleux, près d'Arras, le 10 janvier.

Il était impossible de songer à marcher sur Paris avec une si faible armée, car les Allemands avaient fait sauter tous les ponts de la Somme, d'Amiens à Corbie ; ils s'étaient barricadés dans les villages de la rive droite ; ils avaient couvert Amiens en fortifiant le cours de la Hallue, affluent de la rive droite de la Somme.

Le général Faidherbe, qui savait que la garnison de Paris allait tenter une sortie, résolut de marcher sur Saint-Quentin, de manière à faire craindre à l'ennemi que ses communications ne fussent coupées à Tergnier, entre Reims et Compiègne d'une part, entre Reims et Amiens de l'autre. « J'étais sûr, dit-il, d'avoir bientôt affaire à des forces très considérables ; mais le moment de se dévouer était venu. » Malheureusement deux incidents dérangèrent ses combinaisons. Péronne, qui était investie depuis le 18 septembre, et qu'il comptait débloquer, capitula le jour même où il se mettait en marche, après avoir subi un furieux bombardement qui n'a épargné que de rares maisons dans la petite ville.

L'armée du nord était obligée de laisser derrière elle, occupée par l'ennemi, une place sur laquelle elle aurait pu s'appuyer dans son mouvement vers le sud. Une autre opération, confiée à un petit corps d'armée qui reçut l'ordre de chasser de Saint-Quentin la garnison saxonne, eut un meilleur succès ; mais elle révéla trop tôt les projets de l'armée française au général von Gœben.

Pendant que sur les chemins luisants de verglas nos jeunes soldats marchaient péniblement sans avancer vite, von Gœben prenait la direction de Saint-Quentin, et les renforts lui arrivaient de tous côtés. A Laon, le 16 janvier, le 17, le 18, on voit passer, le jour, la nuit surtout, d'énormes convois de troupes qui viennent de Reims et se dirigent vers La Fère. Plusieurs, sinon tous, arrivent de Paris. D'autre part, Chauny a logé des troupes envoyées de Compiègne.

Le 18 janvier, l'ennemi était déjà en mesure d'attaquer en forces notre armée près de Vermand, à l'ouest de Saint-Quentin ; un combat sanglant est livré ce jour-là. Dans l'ordre du jour qu'il adresse le 18 à dix heures du soir à son armée, von Gœben regrette que les forces allemandes qui ont été engagées n'aient

« pu suffisamment poursuivre l'ennemi, ni arriver aux positions qui leur avaient été assignées ; » mais il annonce pour le lendemain une belle et complète victoire : évidemment il croyait anéantir d'un seul coup l'armée du nord. Il trace à grands traits le plan de la bataille du lendemain : le général Kummer attaquera la ville par l'ouest, en suivant les routes de Vermand et d'Étreillers ; il étendra sa gauche jusqu'à la route de Cambrai, et tournera Saint-Quentin au nord ; le comte de Lippe attaquera par le sud, en suivant la route de La Fère, et s'efforcera d'étendre sa droite de façon à envelopper la ville par l'est. La réserve se tiendra entre les deux corps d'armée sur la route de Ham.

Le 19 au matin, la bataille s'engage au sud et à l'ouest de Saint-Quentin. Le canal, qui suit une ligne à peu près droite dans la direction du sud-ouest, partage en deux parties le vaste champ de bataille. A droite du canal, en tournant le dos à la ville, notre 23e corps s'étend jusqu'à la route de Cambrai ; à gauche, une division et une brigade du 22e corps occupent au lever du jour les hauteurs de Gauchy et de Grugies ; l'autre brigade est en réserve à Saint-Quentin. Nos lignes de retraite sont les routes du Cateau et de Cambrai. Une brigade de mobilisés est postée à Bellicourt, au nord de Saint-Quentin, pour les protéger. L'action commence du côté du 22e corps. L'ennemi attaque les hauteurs de Gauchy et de Grugies avec des forces considérables, les divisions Barnekow, prince Albert, Lippe, et la brigade de cavalerie de la garde, commandée par le prince de Hesse. Les nôtres, fort inférieurs en nombre, sont couverts par leurs tirailleurs et protégés avec une remarquable efficacité par une batterie établie sur une éminence, à mi-chemin de Gauchy à Saint-Quentin, près du Moulin-de-Tout-Vent ; mais bientôt se dessine le mouvement tournant sur la route de La Fère, l'ennemi masse ses colonnes, et menace de déborder notre gauche.

La 4e brigade arrive alors au pas de course, et, se plaçant à la gauche du 22e corps, étend notre front de bataille jusqu'à la route de La Fère, elle prend même l'offensive et s'avance sur la route ; mais le colonel Aynès qui la commande, tombe mortellement frappé, et l'ennemi ramène nos troupes jusqu'aux premières maisons du faubourg d'Isle. Heureusement le 88e de marche l'arrête et le refoule par une charge à la baïonnette. Cependant l'attaque des hauteurs de Gauchy continue ; l'ennemi lance six fois à l'assaut de fortes colonnes chaque fois renouvelées ; nos soldats repoussent les assaillants, les poursuivent, s'approchant d'eux à quelques pas.

Dans ces combats livrés de si près, où l'homme regarde l'homme en face, où comptent le courage, l'élan, l'adresse du soldat, ils malmènent leurs adversaires, dont les cadavres recouvrent le sol.

Une charge d'un régiment de hussards allemands est en quelques minutes arrêtée, brisée par des feux d'ensemble. Sur ce point du champ de bataille, nous avions de très jeunes soldats, les mobiles du 91e et du 46e ; mal équipés, armés de médiocres fusils, ils ont mérité que le général en chef déclarât qu'ils avaient rivalisé de courage avec les vieilles troupes à côté desquelles ils ont combattu. Notre artillerie tenait toujours tête à l'artillerie ennemie : cinq batteries étaient venues s'établir autour du Moulin-de-Tout-Vent ; de cette admirable position, l'on découvre tout le champ de bataille, riche territoire où la charrue n'a laissé debout que quelques bouquets d'arbres, au milieu desquels se cachent les grandes fermes et s'élèvent les cheminées des sucreries. Du côté du 22e corps, l'action n'a été, quatre heures durant, qu'un combat de tirailleurs et d'artillerie.

En allant du canal à la route de Cambrai, on rencontre successivement la brigade Lagrange, la brigade Isnard, et la division des mobilisés. La brigade Michelet est en réserve. Deux batteries sont établies à l'extrême droite pour défendre la route de Cambrai. Au centre, une batterie occupe une position qui vaut celle du Moulin-de-Tout-Vent ; enfin l'artillerie de réserve couronne à la gauche du 23e corps des hauteurs qui commandent la route de Ham, par laquelle l'ennemi attend ses renforts. C'est vers deux heures de l'après-midi seulement que l'ennemi tente d'exécuter à notre droite le mouvement tournant prescrit par von Gœben. Il attaque vivement la division des mobilisés, qui abandonne le village de Fayet, et découvre un moment la ligne de retraite ; mais des troupes et de l'artillerie envoyées en toute hâte par le général en chef, la brigade de mobilisés, accourue de Bellicourt, rétablissent le combat. Fayet est repris et occupé par un bataillon de mobiles. A gauche, les brigades Isnard et Lagrange contiennent l'ennemi, et pénètrent à plusieurs reprises dans le bois de Savy, où se livrent de sanglants combats.

Jusqu'à trois heures de l'après-midi, les Allemands sont tenus en échec ; leurs efforts pour tourner notre droite par la route de Cambrai, notre gauche par la route de La Fère, pour percer notre centre à Gauchy, ont échoué. Il s'en faut que le général von Kummer ait accompli sa mission, qui était de *culbuter tout ce qu'il trouverait devant lui*. Notre artillerie, admirablement postée, dirigée et servie, fait subir aux masses allemandes des pertes énormes. Deux batteries essaient les nouveaux obus inventés par le général Treuille de Beaulieu : ces obus, en éclatant, projettent à 200 et 300 mètres en avant une gerbe de balles qui mettent en débandade l'infanterie.

La fureur et la frayeur des Allemands sont au comble : ils en donnent, dans les villages qu'ils occupent, des preuves non équivoques. L'officier sait bien que les renforts arrivent, qu'ils arriveront toute la journée, demain encore et après-demain, jusqu'à ce que nous ayons plié, écrasés par le nombre. Il se montre fort calme. A la ferme de la manufacture, près de la batterie placée en avant d'Essigny, pendant que les hommes de la troupe de soutien pillent la maison de la cave au grenier et que deux femmes, qui ont voulu rester là, tremblent sur leurs chaises collées au mur, l'officier, nonchalamment étendu sur le lit, joue avec la frange du rideau, et, voyant les deux malheureuses qui prient et qui pleurent, il disserte sur la Providence, dont la main châtie la France trop doucement encore.

Au Hamel-Seraucourt, un jeune officier prussien entre au plus fort de l'action dans la maison d'habitation de la sucrerie : on y travaillait depuis le matin à préparer une ambulance, mais ce jeune homme est pressé, il frappe avec son sabre sur une table, comme il eût fait à l'auberge. On arrive. « Que demandez-vous ? — Vous devez avoir du champagne ? — Je crois que oui. — Il faudrait en être sûr... » Il n'y avait pas à répliquer ; on descend à la cave.

Le Prussien se promène, frisant sa moustache blonde, se pinçant la taille. On apporte une bouteille. « Quelle marque ? demande-t-il. — C'est trop fort, regardez vous-même. — Oh ! ne vous fâchez pas, » et il soulève la bouteille. « Excellente marque ! Le colonel l'apprécie beaucoup. Il en faut quinze bouteilles, » et il sort en saluant suivant toutes les règles de l'art. Sans avoir cette assurance, les troupes de réserve qui depuis le matin encombrent les villages sont cependant fort exigeantes. Après avoir bien mangé, le soldat se fait faire des tartines, qu'il emporte ; après avoir bien bu, il fait emplir sa gourde. Beaucoup de ces héros sont ivres. Vers deux heures, leur fureur est à son comble. Les blessés arrivent en foule : on en compte 800 dans le seul village d'Essigny, et des cavaliers sont venus requérir le fossoyeur et des habitants pour cacher les morts aux nouvelles troupes qui entrent en ligne. « C'est votre faute, brigands de Français ! » hurlent les soldats, et ils frappent ; d'autres vont se cacher dans les greniers et les caves. On en aurait trouvé plus de 200 dans les greniers d'Essigny.

La panique ne dure pas longtemps. Par la route de Ham, des renforts qui viennent d'Amiens se portent sur le 23e corps ; le 22e est attaqué sur tous les points par ceux qui arrivent de La Fère. A Vendeuil, à 8 kilomètres de La Fère, l'artillerie, l'infanterie, la cavalerie, défilent depuis le matin ; des troupes stationnent dans le village. On leur fait de la musique pour les distraire. A six heures, il en arrive encore qui viennent de Gonesse ; le lendemain, il en arrivera d'Évreux. On voit que, si M. de Moltke avait donné l'ordre à von Gœben de détruire l'armée du nord, il lui en fournissait les moyens. La bataille est perdue à quatre heures.

Du côté du 22e corps, la 2e brigade de la 1re division, menacée d'être débordée par sa droite, cède enfin les hauteurs de Gauchy ; la gauche suit ce mouvement, et notre artillerie, après avoir dirigé sur l'ennemi ses plus formidables bordées, rentre dans Saint-Quentin par le faubourg d'Isle ; elle est protégée dans sa retraite par la barricade établie dans le faubourg et qui est armée de 4 canons de montagne. En même temps le 23e corps était rejeté sur la ville après avoir longtemps disputé le terrain à l'ennemi, qui s'avance sur la route de Ham et le long du canal ; il est protégé par les barricades construites à l'entrée du faubourg Saint-Martin. Le 22e corps se retire par la route de Cambrai, le 23e par la route du Cateau.

Sur les pas de nos soldats, l'ennemi entre dans la ville après y avoir envoyé des obus. La nuit est tombée, les rues sont désertes ; les hurrahs font trembler les habitants dans les maisons, 6,000 ou 7,000 des nôtres sont pris dans la ville : c'étaient les soldats débandés, perdus, fatigués, et les compagnies qui s'étaient dévouées pour retarder la marche de l'ennemi ; mais plus de la moitié de ces prisonniers parvint à s'enfuir et à rejoindre l'armée. Les pièces de montagne, abandonnées sur les barricades, tombent au pouvoir de l'ennemi ; mais nos quinze batteries de campagne n'ont perdu ni une pièce ni un caisson.

Ce fut une triste nuit pour Saint-Quentin et les environs que celle qui suivit la bataille. « Avez-vous des parents à Saint-Quentin ? demandait le soir de la bataille un colonel saxon dans une maison de Vendeuil. — Oui, lui répondit-on. — Je le regrette, reprit-il, car nous laisserons nos hommes piller ce soir. » Maintes maisons furent en effet pillées dans le faubourg et dans la rue d'Isle. Nous voulons bien que ce soient des horreurs comme il s'en commet dans toutes les guerres ; mais il faudrait ne pas les commettre pour avoir le droit de se dire une armée modèle. Pas plus que le pillage, l'ivrognerie ne sied au soldat élu de Dieu pour châtier les iniquités de la France. Or ces vainqueurs avaient une soif inextinguible. « Il fallait les voir, nous disait le meunier du Moulin-de-Tout-Vent, quand ils furent arrivés après le départ de nos braves artilleurs ! Ils étaient quatre-vingts, ils se jetèrent dans la cave ; il y avait un peu de vin, ils le boivent ; il y avait du cidre, l'un d'eux, un tonnelier, bien sûr, perce les pièces, et ils boivent du cidre ; il y avait du lait, ils se le disputent ; ils trouvent quelques bouteilles d'eau-de-vie, et les avalent ; il restait quelques jattes de crème, ils les happent avec leur langue, comme des chiens, en grognant les uns contre les autres !

Toute la nuit, il a fallu les servir ; sitôt qu'il y en avait un qui ouvrait l'œil, il demandait à boire, et figurez-vous qu'il y en avait toujours un qui ne dormait pas ! » Ainsi vont les choses dans les maisons où l'Allemand vainqueur a élu domicile. Il s'en donne à cœur joie, et après avoir empli son ventre, ses poches et son sac, il s'endort près de la cheminée où brûle toute la nuit le bois amoncelé.

Cependant nos pauvres soldats, mourant de fatigue et de faim, se traînent péniblement sur les routes que le dégel a détrempées. Ils vont à la débandade : une si jeune armée ne sait pas battre en retraite ; à Cambrai, Valenciennes, Lille, ils donnent le spectacle d'une lamentable déroute.

Les télégrammes allemands chantent victoire, et Guillaume, étrennant son titre impérial, dénombre les canons qu'il a pris et les prisonniers qu'il a ramassés à Saint-Quentin. Les Allemands qui ont assisté à la bataille n'ont pas des airs si triomphants. Les soldats avouent leurs pertes : « Français hauts comme cela, disait un chasseur saxon, et, en relevant la main, — nous hauts comme cela ! »

Les officiers parlent avec admiration des dispositions prises par Faidherbe et de son artillerie. D'ailleurs ils assurent tous qu'ils tenaient à l'avance la victoire pour certaine ; retardée d'un jour, elle eût été plus complète. Cependant ils avaient espéré d'autres résultats. « Si nous avions été vainqueurs dès le matin, dirait un général saxon, Saint-Quentin aurait été un nouveau Sedan ! » Von Gœben lui-même est plus modeste après qu'avant la bataille. Il n'a pas suivi de très près l'armée vaincue, car il croit qu'elle s'est retirée en partie sur Cambrai, en partie sur Guise, tandis qu'elle a pris les routes de Cambrai et du Cateau. Le 21 janvier, il prescrit aux généraux Kummer et Grœben, dans le cas où ils seraient *pressés par l'ennemi* en le poursuivant, de se replier le premier sur Amiens, le second sur Péronne.

C'est qu'en effet, si ébranlée qu'elle fût, l'armée du nord n'était pas détruite. Il est vrai que des bataillons ont plié, et que pendant l'action même beaucoup d'hommes qui s'étaient cachés furent traqués dans les rues de Saint-Quentin et poussés au feu par les gendarmes ; mais ceux qui ont vu dans leurs cantonnements les mobiles et les mobilisés, ces derniers surtout, soldats de la veille conduits par des officiers souvent aussi novices qu'eux-mêmes, leur pardonneront d'avoir eu des défaillances. Après tout, est-il plus d'un peuple en Europe qui, après la destruction de toutes ses forces régulières, trouverait sans plus d'efforts des armées qui sur tous les points du territoire disputent à l'ennemi, comme ont fait les nôtres, une victoire presque consommée ? Parmi nos jeunes officiers, beaucoup n'ont trouvé qu'à grand'peine le loisir de feuilleter les pages d'une théorie, et nos jeunes soldats ont eu moins de temps pour apprendre tout leur métier que n'en ont mis les militaires allemands pour apprendre l'exercice du pas décomposé. Et quels terribles débuts que les leurs ! Cette marche de trois jours par des chemins affreux avant d'arriver à Vermand, cette bataille de deux jours contre une armée aguerrie deux fois plus nombreuse, et dont le chemin de fer a déposé doucement les renforts à quelques kilomètres du champ de bataille, couronnaient dignement cette campagne de deux mois, pendant laquelle l'armée du nord avait livré quatre batailles, plusieurs combats, et infligé à l'ennemi des pertes que le général Faidherbe évalue à vingt mille hommes.

Le général travaillait sans relâche à refaire son armée, et le 10 février il était prêt à rentrer en ligne avec un effectif presque égal à celui qu'il comptait à Saint-Quentin, grâce à l'incorporation de nouveaux mobilisés ; mais la France a déposé les armes le 29 janvier. Entre l'armée française, qui garde les départements du Pas-de-Calais et du Nord, et l'armée allemande, l'armistice a mis une frontière large de 10 kilomètres. Le département de l'Aisne va donc être livré presque tout entier à l'occupation allemande. On était si bien revenu de toutes les illusions que la nouvelle de l'armistice fut accueillie avec plaisir, et celle de la paix attendue avec impatience. On espérait que le terme des souffrances était venu pour les pays envahis, et nul ne se doutait que l'ennemi tînt encore en réserve de nouvelles rigueurs, ni que ses préfets pussent faire regretter ses généraux.

III

Les articles publiés dans la *Revue* sur l'administration prussienne en Alsace et en Lorraine nous dispensent de nous étendre sur ce chapitre, car l'administration prussienne a été uniforme dans les pays envahis. Le département de l'Aisne était du ressort du gouvernement de Reims, où se succédèrent le duc de Mecklembourg et M. de Rosenberg. Auprès du gouverneur se tenaient le prince Charles de Hohenlohe, le comte Charles de Taufkirchen, commissaires civils, et M. Pochhammer, directeur des contributions ; au-dessous, les préfets des départements.

Comme en Lorraine, ces personnages inaugurent leurs fonctions par de cérémonieux saluts au public ; ils promettent par voie d'affiches leur bienveillance à leurs administrés, auxquels ils demandent en échange leur confiance et leur concours. Ils les invitent à se désintéresser des malheurs de la patrie, à s'arranger au milieu de nos désastres une vie égoïste et honteuse, ou, comme dit le duc de Mecklembourg, à « s'assurer les bienfaits de la paix avant sa conclusion définitive. »

Ils réconfortent contre toute crainte de poursuite après la guerre ceux qui consentent à l'oubli de leurs devoirs patriotiques, par exemple les conscrits qui ne se rendent point à l'appel. « Tous les traités de paix de ce siècle, dit leur journal officiel, ainsi celui de Paris du 30 mai 1814, celui de Prague de 1866, contiennent des dispositions spéciales et garantissent les citoyens contre les poursuites *relativement à leur altitude pendant la guerre.* »

Il n'est donc pas impossible de vivre heureux et paisible sous la domination prussienne. Si l'on veut bien se livrer à ses « occupations habituelles, » se complaire en la société de ses hôtes, aller écouter leur musique, qui est excellente, mais n'a pas d'auditoire, saluer dans la rue au moins les colonels, renoncer aux journaux « hostiles aux armées allemandes » et faire ses délices du moniteur de Reims, déposer provisoirement à la mairie ses armes de guerre, de chasse, de luxe, dût ce provisoire être éternel ; si l'on veut bien s'abstenir de tout contact avec les gens malveillants qui portent des armes sans faire partie des troupes alliées, dénoncer les francs-tireurs ou tout au moins se battre avec eux s'ils s'avisent de faire sauter un pont, d'enlever un rail, de couper un fil télégraphique, on sera garanti contre tout risque et péril d'emprisonnement, déportation et autres représailles prévues par les lois de la guerre, à moins qu'on n'ait un jour la velléité de réclamer contre une réquisition, de discuter une amende, de contester la répartition des impôts directs et indirects, c'est-à-dire de défendre sa bourse après avoir livré son honneur, ce qui serait en vérité une prétention exorbitante.

Il fallait pourtant trouver dans son cœur des trésors de patience ou la conviction profonde de l'inutilité de toute résistance pour supporter l'administration financière des Prussiens. Nous avons lu les registres de délibérations de plusieurs conseils municipaux ; cette simple histoire, racontée au jour le jour, donne une idée exacte de l'insoutenable existence que les vainqueurs imposèrent aux vaincus dès qu'il fut question d'armistice et qu'ils sentirent que la proie allait leur échapper. Les impôts des derniers mois de 1870 sont exigés avec tant de menaces, si précises, et en maints endroits si bien exécutées, que les communes se libèrent en toute hâte.

L'armistice signé, elles se croient à l'abri de toute réclamation nouvelle ; elles ne savaient pas que la province avait été, pour ainsi dire, abandonnée aux exactions prussiennes, et que les négociateurs de cet acte avaient dépensé toute leur peine à obtenir de M. de Bismarck que la garde nationale de Paris ne fût point désarmée. Elles apprennent donc qu'il y a encore des contributions de 1871, et que l'ennemi les a portées au double sans daigner dire la raison ; elles reçoivent l'ordre de payer le premier douzième.

A peine a-t-on réuni par des emprunts forcés les fonds nécessaires, que l'ordre arrive de tenir prête aussi la contribution de février. Cependant tous les journaux du monde publient la magnanime défense faite par le roi Guillaume à tous ses agents de lever à l'avenir aucune contribution de guerre. Grande joie dans tous les départements, mais de courte durée, car M. le préfet, commentant la parole impériale, annonce qu'à la vérité il renonce à frapper des contributions, mais qu'il continue à faire rentrer les impôts ; il ajoute même que les retards seront « productifs » d'une amende de 5 pour 100 par jour. Ces intérêts tudesques courent si vite qu'ils rattrapent le capital : une commune des environs de Laon paie une amende de 1,700 francs pour retard dans le paiement d'une somme de 2,000 francs.

Enfin la paix est signée ; la nouvelle en arrive le 4 mars dans la matinée ; elle est authentique, officielle, affichée dans les deux langues. Pour le coup, on a quelque raison de se croire au bout de ses peines. Le conseil municipal de Laon, qui tenait séance ce jour-là, à neuf heures du matin, avec la perspective d'une exécution militaire ordonnée contre la ville, et qui devait commencer à midi, se sépara tout joyeux ; mais il a compté sans son hôte. M. de Lansberg réclame les impôts échus jusqu'à la notification du traité, y compris les amendes pour retards, lesquelles sont devenues elles-mêmes « productives » d'une amende de 5 pour 100 par jour. Et les réclamations continuent plus pressantes, plus menaçantes, jusqu'au jour où, le gouvernement de la France ayant passé aux mains de véritables hommes d'état, la convention Pouyer-Quertier affranchit enfin la province.

Chacune des sommations de l'autorité allemande était accompagnée de menaces. Dans les villes, on ne s'en troublait pas outre mesure ; mais dans les villages la résistance était plus difficile, parce que l'exécution suivait de plus près, l'ennemi jugeant que l'hypocrisie était moins nécessaire. Les maires perdent la tête quand ils reçoivent l'avis que l'exécution militaire va commencer. S'ils veulent savoir ce qu'il faut entendre par ces mots terribles, on leur répond comme fit un jour à la commission municipale de Saint-Quentin M. Binder, capitaine au 70e de ligne, commandant de la place :

« Messieurs, selon les ordres du chancelier fédéral allemand, les mesures de l'exécution sont le logement d'une garnison augmentée auprès des habitants, l'enlèvement des otages (les notables de la ville), et comme mesure extrême, en dernier lieu, la mise à feu et le bombardement. Agréez, messieurs, l'assurance de ma considération parfaite. »

Se figure-t-on l'effet d'une pareille missive sur un conseil municipal de village ? Beaucoup ne se laissèrent pas effrayer, mais il n'est que trop vrai que des maires, après avoir inutilement essayé de réunir l'argent nécessaire, ont dénoncé à l'autorité prussienne leurs administrés récalcitrants. Aussitôt l'argent trouvé, ils accouraient à la préfecture. « Un des anciens bureaux transformé en caisse, dit M. Ed. Fleury dans ses éphémérides, présente un spectacle à la fois attristant et original. Il est plein à comble de maires, d'adjoints, de délégués, qui s'entassent et s'empilent autour d'une table où l'on paie, et d'une autre où les comptes sont dressés. Devant le receveur, qui ne suffit pas à sa besogne, l'or coule à flot, les sacs d'écus s'amoncellent… Le métal et les papiers précieux sortent de toutes les poches, le caissier ne sait où les placer ; on les lui compte tristement et sans parler. Autour du comptable, qui aligne les comptes et dresse les états, éclatent au contraire les exclamations de saisissement. A ces comptes, on ne comprend rien, sinon qu'on doit des amendes fabuleuses, qu'on a cru s'acquitter intégralement et qu'on reste débiteur de sommes inimaginables. »

Le temps n'est plus où les hauts administrateurs de Reims promettaient d'accueillir toute plainte légitime ; M. Pochhammer avertit, une fois pour toutes, les maires qu'il est « impossible d'accorder aucune réduction, et qu'il faut s'abstenir d'envoyer des réclamations, qui resteront sans réponse. » C'est que la curée touche à sa fin. Ce bel or de France, dont le soldat serre précieusement quelques pièces dans son mouchoir, le caissier impérial le palpe avec volupté, pièce à pièce (*pecuniam probant veterem et diu notam*, dit Tacite en parlant des Germains, *amant serratos bigatosque*), et toujours il tend la main au guichet, où se succèdent les victimes. Une seule pensée trouble sa joie : est-ce qu'il ne restera pas encore beaucoup d'or dans ce pays maudit, quand le guichet sera fermé ?

Ruiner la France était le rêve des Allemands. A l'heure du déménagement, ils emporteront tout ce qu'ils pourront emporter. En attendant, ils détruisent tout pour le plaisir de détruire et de penser qu'il en coûtera cher aux vaincus de réparer ces dégâts.

A Laon, ils s'acharnent aux ruines de la citadelle ; ils enlèvent le plomb des couvertures, les charpentes, les portes, les escaliers, vendent une partie de ce butin à des brocanteurs allemands ou français, brûlent le reste ou le jettent par-dessus les murailles ; ce jeu coûte la vie à deux personnes qui passent par là. Des fourneaux de mine sont préparés pour faire sauter les murs, et le conseil municipal proteste contre de pareils préparatifs, poursuivis en pleine paix.

A La Fère, on enlève des établissements militaires le bois et le fer qui sont en magasin ; on arrache et on brise tout ce qui est scellé dans la construction ; on vend à la criée les outils et les meubles. L'Hôtel-Dieu est menacé d'un sort pareil, car les Prussiens font demander un inventaire du mobilier qui garnit les salles ; l'administration n'épargne à la ville cette dévastation nouvelle qu'en prouvant que l'hospice est purement civil, qu'il a été fondé par des donations privées et n'appartient point à l'état. A La Fère aussi, les fortifications, les piles de barrages ont été minées, et l'on a cru longtemps que l'ennemi les ferait sauter.

Il fallait voir, dans ces tristes heures de pillage et de destruction, les soldats et les officiers allemands qui vivaient dans nos maisons. Nous les regardions un jour dans une ville où l'exécution militaire était annoncée pour quatre heures, si l'argent réclamé n'était point versé avant cette heure-là.

La population était dans l'anxiété ; on s'interrogeait pour savoir si la souscription ouverte en toute hâte atteignait le chiffre prescrit. « Il manque encore tant, disaient ceux qui venaient de porter à l'hôtel de ville leurs plus modestes économies ; dépêchez-vous, dépêchez-vous ! » Les soldats conservaient leur placidité habituelle, les officiers souriaient d'un air narquois ; il était évident que ces hommes, si la ville ne s'était point libérée à l'heure dite, se seraient acquittés sans le moindre remords de la triste tâche qu'on leur aurait confiée. Ce serait une erreur en effet de croire que les officiers allemands éprouvassent quelque répugnance à prêter leur concours aux exactions des administrateurs allemands, ou que cette rapacité dût être uniquement attribuée à la Prusse, dont on connaît depuis longtemps l'âpre et impitoyable génie.

L'unité de l'Allemagne est faite, et tous les Allemands se valent aujourd'hui. Entre les soldats des diverses nationalités, il se peut qu'on trouve des différences : on est d'accord par exemple pour préférer aux Prussiens les Saxons, et il est certain que les hommes de ces deux tribus se détestent cordialement ; mais entre les chefs l'entente est complète. A l'heure qu'il est, une grande caste est formée en

Allemagne, qui passe par-dessus les frontières des petits états, et dont les membres ont les mêmes espérances et les mêmes passions : c'est la caste des officiers de l'empire germanique. M. de Bismarck mènera ces hommes où il voudra, à moins qu'il ne soit mené par eux plus loin qu'il ne voudrait aller, car au glorieux festin qui vient d'être servi aux hobereaux germaniques, les derniers venus, les vaincus de 1866, ne sont pas les moins avides : ils entrent seulement en appétit. Nous en avons entendu déclarer qu'il faut à l'humanité une guerre tous les cinq ans, et parler comme d'un événement assuré d'une guerre contre la Russie ; elle est, disent-ils, toute prête dans les cartons de M. de Moltke. En attendant, ils sont, corps et âme, dévoués à la Prusse ; ils s'appliquent à se rendre en tout semblables à elle, sa politique est la leur, ses crimes leur sont communs ; ils désirent comme elle la destruction de la France, et partout où ils ont été employés à l'œuvre, comme préfets ou comme généraux, ils n'ont pas plaint la peine.

Le jour viendra sans doute où l'Allemagne comprendra les dangers qui peuvent naître pour elle de l'existence de cette caste ; mais ce jour n'est pas venu. Les événements que nous avons traversés sont de nature à réjouir tout véritable Allemand, et l'on sait le rôle qu'ont joué dans cette guerre les lettrés et les fameux penseurs d'outre-Rhin. Pendant l'occupation prussienne, il nous a été donné d'étudier à notre aise un personnage de cette sorte, un docte journaliste apporté par l'invasion, et qui, plusieurs mois durant, écrivit tant et si bien que la collection de son journal est un des plus curieux documents historiques que l'on puisse consulter ; nous voulons parler du chevalier Wolheim da Fonséca, docteur ès-lettres, agrégé de l'université royale de Berlin, rédacteur en chef du *Moniteur officiel* du gouvernement de Reims. C'est un heureux journaliste que ce chevalier Wolheim ! Le prince de Hohenlohe lui a fourni un imprimeur par réquisition, le prince de Mecklembourg des abonnés ; les sous-préfets ont opéré ses recouvrements ; enfin il n'a pas cherché de rédacteur, un agrégé allemand suffit à remplir de sa prose toutes les colonnes du journal.

Pour être lu, il compte sur son mérite personnel, et de bonne foi il finit par s'imaginer qu'il est fort goûté de ses lecteurs ; il constate que le nombre des abonnés augmente tous les jours ; il annonce, quinze jours après ses débuts, que les numéros 1 et 2 du journal sont complètement épuisés, et qu'il va en être fait un nouveau tirage « à la demande générale. » C'est qu'il croit avoir trouvé le moyen de prendre son public, suivant l'expression vulgaire. Il sait la façon dont il convient de parler à cet être frivole qu'on appelle le Français ; il connaît tous les mystères de la langue parisienne, il parlera cette langue ; il sait combien il importe chez nous d'avoir de l'esprit, il en aura, — et dès le second numéro du *Moniteur* il nous donne un exemple de son savoir-faire en regrettant, à propos des fausses nouvelles qui trouvaient créance parmi nous, qu'en France « les blagues n'aient pas été reléguées dans le coin. » Les traits de ce genre abondent sous sa plume. Nul doute qu'on n'ait lu ces jolies choses, et qu'on n'ait beaucoup ri des drôleries du chevalier chez Charles de Hohenlohe et chez Charles de Taufkirchen. « C'est comme cela qu'il faut leur parler, lui aura-t-on dit ; allez, continuez ! » Et, taillant sa meilleure plume, M. de Fonséca lançait à l'adresse de M. Victor Hugo, qui venait de publier son appel aux

Allemands, le propos suivant, longuement et savamment déduit :

« Nous avons observé que Victor Hugo, dans presque tous ses écrits en prose, a quelque animal qu'il soigne particulièrement : par exemple dans *les Travailleurs de la mer*, il a une pieuvre au fond de l'Océan ; dans *Bug-Jargal*, il a un chien sous la tente ; dans *l'Homme qui rit*, il a un loup dans la charrette ; dans *Han d'Islande*, il a un ours dans la caverne ; dans *Notre-Dame*, il a une chèvre dans la chambre, et dans son *Appel aux Allemands* il a une araignée dans le plafond. »

Mais ce n'était que la parade devant la porte. M. de Fonséca profitait du moment où il nous tenait sous le charme pour nous faire entendre de sérieuses vérités. Il est le défenseur infatigable de tous les actes de l'invasion ; il a toute une série de textes, toute une collection de documents à son service ; il en appelle à ses auteurs de toutes les déclamations françaises. Que signifient ces plaintes à propos des paysans alsaciens qu'on aurait forcés à travailler aux batteries ennemies sous le feu de Strasbourg ? « Cette mesure, dit-il, n'est ni antilégale, ni neuve. » Et la circulaire de M. Chaudordy, qui s'étonne et s'indigne des faits les plus simples, les plus naturels, les plus autorisés, cette circulaire met le chevalier à bout de patience. Il lance contre le malheureux diplomate le *Droit des gens* de Wattel, la *Littérature du droit des gens* d'Omptéda, *le Droit des gens* de Klueber, le *Droit des gens européen* de Schmaltz, *les Principes de droit politique* de Burmalaqui, le *De jure belli ac pacis* de Hugo Grotius, les *Essais* de Moser, la *Disserlulio de firmamentis conventum publicorum* de Waldner, le *De bellis internecivis* de Heyne, et les *Quœstiones juris publici* de Rynkershoek !

Cette inépuisable érudition lui fournit des arguments pour justifier la pire violence de cette guerre, l'annexion de l'Alsace et de la Lorraine. Qu'a fait l'empereur d'Allemagne en conquérant ces provinces ? Il a usé légitimement de son droit de rescousse, *jus recuperationis*. Que fait-il en gardant ce qu'il occupe *de fait* ? Il se conforme simplement à l'axiome : *beatus possidens*. Voilà des arguments sans réplique ; mais le docte agrégé se souvient qu'il parle à des ignorants, à des gens de race latine qui peut-être ne comprennent pas le latin.

A toutes ses raisons tirées du droit écrit, il en ajoute une autre, très inattendue : « la France républicaine du XIXe siècle devrait être trop honnête, trop fière, pour se faire la receleuse du bien volé par la France monarchique du XVIIe. » Du reste, à quoi bon tant discuter ? L'Allemagne ne lâchera pas sa proie. Elle ne craint la France ni dans le présent, ni dans l'avenir ; elle se rit des efforts des neutres ; M. de Fonséca n'admet même pas que l'Angleterre ait osé donner des conseils amicaux à l'Allemagne : son armée est trop peu nombreuse.

Ainsi professait dans sa chaire de Reims le docteur da Fonséca, et ses disciples, recrutés par les caporaux prussiens, avaient plaisir à l'entendre, car c'était l'âme même de la Prusse victorieuse que ce Prussien découvrait à leurs yeux. Évidemment ce pays qui prétend succéder à la France dans la direction du monde, et dont les journaux aiment à citer ce vers de Corneille :

Un grand destin commence, un grand destin s'achève,

n'apporte au monde aucune idée nouvelle ; il n'a qu'une idée bien ancienne : il veut être fort pour le plaisir d'être fort, pour nous humilier du spectacle, pour nous accabler du poids de sa force. Nous savons quelles belles protestations on peut faire contre la parole impie du chancelier du nouvel empire ; mais c'est une opinion très répandue dans les pays envahis, qu'il ne convient pas de perdre son temps en paroles inutiles. Cette sorte de scepticisme, qui est la croyance en la force brutale, nous a-t-elle gagnés ? Je ne sais ; mais nous n'en sommes plus à penser que le droit suffise contre la force. Nous savons que les Allemands sont des pillards et des incendiaires, que l'annexion de l'Alsace et de la Lorraine est un retour au vieux principe féodal qui liait l'homme à la glèbe ; mais l'histoire ne nous enseigne point que les œuvres de violence périssent *ipso jure*.

Les Romains, qui ont conquis le monde par les plus abominables moyens, ont gardé leur butin tant qu'ils ont gardé la force. Si celui qui a frappé par l'épée périt par l'épée, c'est qu'il s'élève contre lui un vengeur armé d'une épée plus solide. Or nous avons vu de trop près le vainqueur pour ne pas savoir combien il est redoutable. Ces opérations si bien conduites dans leur ensemble et dans les moindres détails, cette organisation, fruit d'un labeur et d'une application d'esprit qui depuis un demi-siècle ne se sont pas lassés, ont forcé notre admiration sans affaiblir notre haine. Une merveilleuse entente de toutes les volontés, de celles qui commandent et de celles qui obéissent, régnait dans la nation armée ; à côté des soldats, et tout aussi disciplinés, avaient pris place des administrateurs, des journalistes, des philosophes, des savants. N'étaient-ce point des psychologues qui révélaient le moment où il convenait de jeter des obus dans les rues d'une ville ? Et les mathématiques n'ont-elles point servi devant Strasbourg à déterminer l'heure précise où seraient déchirés les liens séculaires qui attachaient la malheureuse ville à sa patrie ? C'est pourquoi, tout en appelant de meilleurs jours, nous qui avons subi tant d'exigences, tant d'insultes, et la cohabitation de ces gens dont l'hypocrite politesse dissimulait mal la grossière nature, nous sommes devenus circonspects, et ne craignons rien tant que les rêves insensés d'une vengeance prochaine. Travaillons, apprenons la psychologie, les mathématiques, la géographie ; apprenons tout ce que savent nos ennemis et que nous ignorons ; passons tous par l'école et par l'armée, et que de l'école et de l'armée, toutes deux régénérées, la discipline reflue dans les familles et dans la société, car là est le vrai, l'unique remède, et nous ne pouvons songer, sans faire un triste retour sur nous-mêmes, qu'en Prusse, au lendemain de Tilsitt, sans perdre un jour, Stein, G. Humboldt et Scharnhorst se sont mis à l'œuvre en s'inspirant

de cette devise, qui devrait être la nôtre :
allgemeine schulpflicht, allgemeine wehrpflicht,
pour tous le devoir est de s'instruire, pour tous
le devoir est de défendre la patrie.